ANALIZA KSIĄŻKI

Dżuma

· · · · · · · · · · · · · · ·

ALBERT CAMUS

ANALIZA KSIĄŻKI

Napisany przez Lucile Lhoste
Przetłumaczony przez Kâmil Kowalski

Dżuma

· ·

Albert Camus

ALBERT CAMUS

FRANCUSKI PISARZ, DRAMATURG, ESEISTA I FILOZOF

- **Urodził się w Mondovi (Algieria) w 1913 r.**
- **Zmarł w Villeblevin w 1960 r.**
- **Godne uwagi prace:**
  - *Obcy* (1942), powieść
  - *Mit Syzyfa* (1942), esej
  - *Dżuma* (1947), powieść

Urodzony w Algierii Francuz, laureat Nagrody Nobla, Albert Camus (1913-1960) jest jednym z najważniejszych pisarzy XX wieku. Zaangażowany politycznie intelektualista, filozof, dziennikarz, dramaturg i powieściopisarz, odcisnął piętno na swojej epoce dzięki refleksji nad absurdem, który zniuansował i uczynił bardziej wrążliwym i ludzkim.

Szeroko podziwiany, a czasem krytykowany, Camus zyskał znaczny rozgłos na świecie dzięki powieściom *Dżuma* (1947) i, w szczególności, *Obcy* (1942). Zmarł przedwcześnie w 1960 roku w wyniku wypadku samochodowego.

DŻUMA

POCZĄTEK BUNTU

- **Gatunek**: powieść
- **Wydanie referencyjne**: Camus, A. (1972) *La Peste*. Paris: Gallimard.
- **Pierwsze wydanie**: 1947
- **Tematy**: epidemia, izolacja, śmierć, chaos, zagrożenie, bunt

Dżuma opowiada o wysiłkach doktora Rieux i kilku innych mieszkańców, aby powstrzymać epidemię dżumy, która uderza w miasto Oran w latach 40.

Powieść została wydana w 1947 roku (pierwszy duży sukces autora w księgarniach) i wyznacza ważny rozwój w twórczości i myśli Camusa, gdyż zrywa on z cyklem absurdu (*Obcy*, *Mit Syzyfa*, *Kaligula* i *Nieporozumienie*) i zaczyna przyglądać się cyklowi buntu (*Dżuma*, *Sprawiedliwi zabójcy*, *Buntownik*).

PODSUMOWANIE

Dżuma ma formę kroniki pisanej przez tajemniczego narratora, którego tożsamość zostaje ujawniona pod koniec opowieści (dr Bernard Rieux, główny bohater). Opowiada on o ciekawych (fikcyjnych) wydarzeniach, które miały miejsce w Oranie na początku lat czterdziestych (dokładny rok nie jest podany).

POJAWIENIE SIĘ TAJEMNICZEJ CHOROBY

Wszystko zaczyna się pewnego kwietniowego dnia 1940 roku, kiedy to doktor Bernard Rieux wychodząc z domu potyka się o martwego szczura. Po odwiezieniu żony na dworzec (jest chora i musi opuścić miasto, aby się leczyć), Rieux rozpoczyna swoje wizyty. Następnego dnia, po rozmowie ze swoimi pacjentami, kolegami (m.in. dr Richardem) i sąsiadami, uświadamia sobie, że szczury wdzierają się do miasta i giną na wolności. Telefon od byłego pacjenta, Josepha Granda, prowadzi go do spotkania z Cottardem, przedstawicielem handlowym, który próbował się powiesić. Cottard panikuje na myśl o konieczności rozmowy z komisarzem policji. Rieux uspokaja go i wznawia swoje wizyty.

Szczury nadal umierają, a liczba martwych zwierząt wzrasta do końca miesiąca, po czym nagle się zatrzymuje. Rieux zauważa wtedy, że niektórzy pacjenci (tacy jak pan Michel, jego konsjerż) cierpią na dziwną chorobę, która zabija ich w ciągu kilku dni. Przypadków przybywa, władze reagują powoli, a całe miasto jest w stanie gorączkowego niepokoju.

Rieux uznaje prawdę: dżuma dziesiątkuje Oran. Następnie alarmuje prefekta. Władze nie chcą straszyć ludności, więc podejmowane są jedynie niewielkie środki mające na celu ograniczenie zarażenia.

EPIDEMIA

Zamknięcie drzwi do miasta oznacza początek "długiego okresu wygnania" (s. 71), który stopniowo zmienia zachowanie mieszkańców.

Niektórzy okazują solidarność i próbują walczyć z zarazą, jak na przykład doktor Rieux, który zapracowuje się na śmierć i nie chce się poddać.

- Jean Tarrou (zamożny rentier, którego świadectwo opowiada narrator) pomaga Rieux i bierze udział w szkoleniach z zakresu edukacji zdrowotnej wprowadzonych przez miasto.

- Raymond Rambert, paryski dziennikarz, który jest w separacji ze swoją dziewczyną, rzuca ją, gdy uświadamia sobie, że nie może skorzystać z nielicznych wyjątkowych środków, które pozwoliłyby mu opuścić miasto.

- Joseph Grand, pracownik ratusza, również zgadza się poświęcić swój wolny czas, aby koordynować wysiłki lekarzy i wolontariuszy.

Jednak inni są bardziej niechętni do oferowania swojego wsparcia:

- Cottard, który znajduje dziwną satysfakcję w nieszczęściu swoich współobywateli, wykorzystuje nawet sytuację, kupując i sprzedając na czarnym rynku.

- Co do ojca Paneloux, to podczas kazania w katedrze próbuje on nadać sens dżumie: dżuma jest ostrzeżeniem od Boga. Rieux nie wierzy w to. Wycieńczony lekarz ze stoickim spokojem kontynuuje swoją walkę.

Latem epidemia nasila się i śmierć staje się powszechna: ciała są szybko usuwane, a ci, którzy próbują uciec z miasta, są rozstrzeliwani. Ostry ból ustępuje miejsca przygnębieniu, a ludzie godzą się na życie w teraźniejszości, bez nadziei i bez pamięci. Miłość opuszcza serca mieszkańców. Dżuma jawi się jako monotonna plaga, która nie pozostawia miejsca na heroizm, jak "niekończące się deptanie, które miażdży wszystko na swojej drodze" (s. 181).

BUNT DOKTORA RIEUX

Nadchodzi jesień, a liczba zgonów wciąż rośnie. Rieux staje się obojętny na cierpienie, które widzi każdego dnia, ale nie porzuca swojej walki.

Agonia i śmierć niewinnego (młodego syna sędziego Othona) oburza go. Ojciec Paneloux próbuje sprawić, by dostrzegł wolę Bożą. Rieux traci panowanie nad sobą, potem przeprasza i przyznaje, że muszą współpracować. Jednak kilka dni później, po kazaniu pełnym wątpliwości, ojciec Paneloux umiera bez wizyty u lekarza i nie sposób stwierdzić, czy to dżuma była przyczyną jego śmierci.

W tym czasie Rieux zwierza się nieco osobom ze swojego otoczenia. Z Grandem rozmawia o swojej żonie, od której fragmentaryczne wiadomości otrzymuje za pośrednictwem telegramu. Otwarcie dyskutuje o pozornie egoistycznym szczęściu, jakim jest miłość Ramberta do partnerki i przyznaje, że nie wini go za chęć opuszczenia miasta. Rambert rezygnuje jednak ze swojego planu: choć nie ma wstydu w chęci bycia szczęśliwym, "może być wstyd w byciu szczęśliwym całym sobą" (s. 208). Wstyd jednak zdaje się nie dotyczyć Cottarda. Kontynuuje on swoje interesy i wydaje się cieszyć, że nie jest już jedynym, który cierpi.

W dzień Wszystkich Świętych, niedługo po śmierci doktora Richarda (którego naiwny optymizm nie wystarczył do powstrzymania epidemii), Tarrou zdobywa przyjaźń Rieux i opowiada mu o swoich przemyśleniach: pyta, czy wierzy, że można być "świętym bez Boga" (s. 253). Doktor odpowiada, że nie zależy mu na heroizmie czy świętości; stara się po prostu być człowiekiem. Obie osoby uciekają na kilka chwil od zarazy i absurdu swojej walki, zażywając orzeźwiającej kąpieli w morzu. Na Boże Narodzenie Grand choruje, ale nie poddaje się. Zima zdaje się cofać zarazę; szczury pojawiają się ponownie, żywe.

UPORCZYWE ZAGROŻENIE

W połowie stycznia odradza się nadzieja, choć wśród ogólnej radości niektórzy wciąż umierają: Sędzia Othon, potem Tarrou, którego Rieux próbował uratować, zabierając go do swojego domu. Następnego dnia Doktor dowiaduje się telegramem o śmierci żony. W lutym miasto ponownie otwiera swoje podwoje i Rambert dołącza do swojej partnerki.

Cottard, który bezskutecznie próbuje uciec policji (motyw jego winy nie jest zdradzony), zaczyna strzelać do tłumu z okna swojego mieszkania. W końcu zostaje aresztowany na oczach Granda (który zostaje uzdrowiony) i Rieux.

Podczas gdy miasto ucztuje i spieszy się, by zapomnieć o tragicznych wydarzeniach, które je spotkały, Rieux medytuje samotnie na szczycie tarasu: bakcyl dżumy nigdy nie znika całkowicie; szczęście ludzi jest zawsze zagrożone.

STUDIUM POSTACI

DR. BERNARD RIEUX

Około 35 lat, jest przeciętnie wyglądającym mężczyzną w typie śródziemnomorskim (średni wzrost, regularny nos, czarne włosy), którego "szerokie ramiona" i "wystająca szczęka" odzwierciedlają siłę charakteru i pewność siebie (s. 35). Jest człowiekiem wzorcowym: uczciwy, sprawiedliwy, odważny, inteligentny, aktywny, sprawny i autentycznie dobry. Syn robotnika, który został lekarzem, poświęca swoje osobiste interesy dla dobra społeczności. Jego charakter jednak się zmienia: podczas gdy na początku powieści jest samotny i milczący, stopniowo otwiera się na ludzi wokół (Grand, Tarrou) i nawiązuje kilka przyjaźni (epizod, w którym kąpie się w morzu z Tarrou, wyznacza szczyt).

Jest "zmęczony światem" (s. 18) i ateistą, ale nie mizantropem: "W ludziach jest więcej rzeczy do podziwiania niż do pogardzania." (s. 308) Obsesyjnie zajęty swoją pracą (ta zacięta codzienna walka pozwala mu nigdy nie poddać się defetyzmowi), dąży raczej do działania niż do zrozumienia pochodzenia zarazy: "Człowiek nie może jednocześnie leczyć i wiedzieć" (s. 209).

Jako rzekomo obiektywny pisarz, narrator, który często używa zaimka "my" (aby pokazać swoją solidarność z Orańczykami), ujawnia swoją tożsamość pod koniec powieści. Swoim wiekiem, pochodzeniem społecznym i geograficznym oraz poglądami przypomina samego autora.

JEAN TARROU

Jean jest prostym i dobrze sytuowanym człowiekiem, który niedawno zamieszkał w Oranie. Jego notatniki, które służą jako źródło opowieści głównego narratora, czynią go historykiem nieistotnym. Syn adwokata generalnego, zdystansował się od sprawiedliwości i od ojca po tym, jak uczestniczył w procesie człowieka skazanego na śmierć (s. 247).

Jako rozczarowany działacz polityczny i rewolucyjny nie chce teraz przyznać, że możemy poświęcić swoje życie w obronie wyższej sprawy. Zadowolony ze swojej wiedzy: "Wiem wszystko o życiu, to widać" (s. 251), tylko jedno pytanie wciąż go nurtuje: czy można być świętym bez Boga.

JÓZEF GRAND

To "pracownik małego ratusza" (s. 49), który jest całkiem zwyczajny, a jego błahość i słabość odbija się w jego wyglądzie (jego nazwisko, choć nawiązuje do dużych rozmiarów, jest z tego punktu widzenia sprzeczne). Pozbawiony ambicji, aż do nadejścia zarazy wiedzie zwyczajne życie, poza tym, że pielęgnuje sekretną pasję: pisanie książki. Nie potrafi jednak przebrnąć przez pierwsze zdanie, które przepisuje co noc, samotnie w swoim mieszkaniu. Rieux uważa go jednak za jednego z tych niewyróżniających się bohaterów, wspaniałomyślnych i oddanych zbiorowemu szczęściu, których niedopowiedziane działania i skromność czynią go dobrym człowiekiem.

RAYMOND RAMBERT

Jest młodym paryskim dziennikarzem, który został wysłany do Oranu, by poznać warunki życia Arabów. Hiszpańska wojna domowa (w której walczył "po przegranej stronie", s. 163) nieco utemperowała jego idealizm: "Nie wierzę w bohaterstwo; wiem, że jest łatwe i nauczyłem się, że może być mordercze." (p. 163). Kultywuje teraz bardziej egoistyczne szczęście (ponad wszystko chce opuścić Oran w jakikolwiek sposób, by znaleźć swoją dziewczynę). Ale, podobnie jak Grand i Tarrou, ewoluuje i ostatecznie bierze udział w szkoleniu z zakresu edukacji zdrowotnej, demonstrując swoją solidarność z Orańczykami.

OJCIEC PANELOUX

Jest charyzmatycznym i dogmatycznym kaznodzieją. Szybko interpretuje zarazę jako boskie ostrzeżenie i stara się dostrzec wolę Bożą w śmierci niewinnego dziecka, kierując się tym samym logiką "wszystko albo nic": "Musimy wierzyć we wszystko, albo wszystkiemu zaprzeczyć" (s. 223). Jego wiara słabnie, staje się bardziej niezdecydowany. Jego brak siły i daremność jego wystąpień (przeciwstawia się skromnemu i dyskretnemu działaniu Rieux) czynią go symbolem klęski chrześcijaństwa w obliczu takiej plagi jak dżuma. Aktywny fatalizm, którego jest zwolennikiem (s. 225), nie chroni go przed dżumą, a jego sceptycyzm wobec nauki (odmawia badania, gdy zachoruje) prowadzi go prosto do śmierci.

COTTARD

Cottard jest z pewnością najbardziej negatywną postacią w tej powieści. Ten "mały okrągły człowiek", który jest winny jakiegoś nieznanego przestępstwa, próbuje się powiesić na początku powieści, aby uniknąć sprawiedliwości. Jest słabym, "o nieświadomym sercu, czyli samotny" (s. 303), zdesperowanym, samolubnym tchórzem, który cieszy się z epidemii dżumy: znajduje pocieszenie dla własnego cierpienia w nieszczęściu innych i wykorzystuje izolację miasta do robienia interesów i sprzedawania podstawowych produktów żywnościowych po wygórowanych cenach.

Żyjąc wygodnie z własnych dochodów, odrzuca wszelkie formy solidarności, które nie są dla niego opłacalne, i w końcu strzela z pistoletu do tłumu, gdy bramy miasta zostają ponownie otwarte. Jednak narrator i Grand nie potrafią zdobyć się na to, by go znienawidzić czy nawet urazić (s. 306).

ANALIZA

OD KRONIKI DO TRAGEDII

Na początku opowiadania narrator zaznacza, że historia, którą nam opowiada, jest właściwie kroniką. Stwierdza, że skonstruował ją na podstawie licznych świadectw, w tym notatek sporządzonych przez Jeana Tarrou podczas epidemii. W ten sposób, nawet jeśli fakty w powieści są fikcyjne, Camus chciał nadać im pozory realności.

Zastosowany styl wzmacnia to uczucie. Jest on zimny, oderwany i monotonny. Przy nieznanej nam tożsamości narratora, opowiadanie napisane jest w trzeciej osobie liczby pojedynczej, co nadaje mu pewien dystans.

Niemniej jednak struktura narracyjna nadana powieści przez Camusa mogłaby bardziej przypominać klasyczną tragedię. Rzeczywiście, składa się ona z pięciu części:

- Pierwsza część polega na naświetleniu faktów: wydaje się, że choroba, która dotyka wiele szczurów, rozprzestrzeniła się wśród ludzi i szybko staje się epidemią;

- Druga część dotyczy rozprzestrzeniania się choroby (element zakłócający) i pierwszych podjętych środków (zamknięcie bram miasta). Poznajemy też pierwsze reakcje mieszkańców;

- Trzecia część dotyczy wzmocnienia choroby i wpływu, jaki ma to na morale (depresja i fatalizm). Całe miasto zostaje dotknięte chorobą, co wywołuje panikę. Niektórzy próbują znaleźć wytłumaczenie;

- W czwartej części choroba osiąga swój szczyt (węzeł fabularny). Doktor Rieux nie poddaje się. Wręcz przeciwnie, śmierć małego dziecka rozwściecza go i wstrzykuje nowe życie w jego walkę;

- W piątej części widzimy wynik opowieści. Epidemia zostaje powstrzymana i sytuacja wraca do normy.

Camus nie do końca przestrzega zasady trzech jedności. O ile jedności miejsca (miasto objęte kwarantanną) i akcji (walka z epidemią dżumy) są uwzględnione, o tyle jedność czasu jest bardziej problematyczna, gdyż okres, którego dotyczy, to okres kilku miesięcy.

Ponadto, mimo że epidemia zostaje powstrzymana, zakończenie pozostaje tragiczne, ponieważ narrator stwierdza, że choroba nie została zlikwidowana i szczęście ludzi zawsze będzie zagrożone.

DŻUMA: SYMBOL POLISOMICZNY

W epigramie powieści Camus potwierdza wolność autora fikcji w stosunku do historii: "Równie rozsądne jest przedstawienie jednego rodzaju uwięzienia przez inny, jak przedstawienie wszystkiego, co naprawdę istnieje, przez to, co nie istnieje." (Daniel Defoe, pisarz angielski, 1660-1731). Tak więc, jeśli dżuma nie rozprzestrzeniła się w Algierii w latach czterdziestych, autor sugeruje, że inne porównywalne dolegliwości dotknęły ludzi i że dżumę należy uznać za symbol. Co więcej, symbol ten jest w ten sposób otwarty na kilka interpretacji, które są niekiedy bardzo różne. Tutaj wymieniamy tylko cztery: wojna, kara boska, wina ludzka i zło.

Plaga = wojna

Czas pisania (koniec 1940 – wiosna 1942) i publikacji (1947) utworu pozwala nam zrozumieć dżumę jako przedstawienie wojny. II wojna światowa wpłynęła na postawy i życie wszystkich. Intelektualiści i pisarze próbowali zrozumieć to wydarzenie i postawili sobie zadanie wyboru strony i politycznego "zaangażowania" (zaangażowanie oznacza nie tyle przynależność do konkretnej partii politycznej, co obronę wyraźnego stanowiska politycznego). Gorące debaty (w których Camus brał udział) toczyły się wewnątrz i na zewnątrz pola literackiego.

Znaczące elementy można wykorzystać do ustalenia paraleli między dżumą a II wojną światową w powieści:

- Akcja powieści rozgrywa się w latach 40. Data ta jest na tyle znacząca w historii ludzkości, że nawiązanie do wojny jest oczywiste;

- Oran szybko zostaje przedstawiony jako "zamknięte miasto" (zostało zbudowane tyłem do morza, a jego drzwi są zamknięte pod koniec części pierwszej), które zostaje zaatakowane przez szczury, a następnie przez chorobę (powieść upiera się przy określeniu "inwazja", s. 21, s. 72). Sytuacja ta odnosi się więc do Francji okupowanej przez wojska hitlerowskie, nazywanej też "brunatną dżumą" (ze względu na kolor niemieckich mundurów).

Narrator podkreśla również ogólny związek między dwoma plagami:

- "W historii było tyle samo plag, co wojen; a jednak zawsze plagi i wojny biorą ludzi jednakowo z zaskoczenia." (p. 42). Podobne są też konsekwencje: rozdzielenie rodzin i małżeństw, koniec swobodnego przemieszczania się, zdziesiątkowanie populacji, wyrównanie społeczne, ogólna nieufność itp.

- W tekście używane są różne terminy wojenne: "życie jeńców" (s. 22, s. 112), "niekończąca się klęska" (s. 131) itp.

Według tej interpretacji wysiłki doktora Rieux i jego przyjaciół odnoszą się do ruchu oporu we Francji pod okupacją niemiecką.

Dżuma = kara boska

W swoich kazaniach ojciec Paneloux porównuje sytuację w Oranie do podobnych wydarzeń w Biblii: potopu, zniszczenia Sodomy i Gomory, dziesięciu plag egipskich i historii Hioba. Dlatego też postrzega plagę jako karę od Boga. Narrator czasem nawiązuje do tej interpretacji: w szczególności odnosi się do "deszczu przypominającego powódź" (s. 36), który spadł na Oran na początku epidemii.

Jednak doktor Rieux obala punkt widzenia ojca Paneloux: jaki Bóg mógłby odebrać życie niewinnemu dziecku? Ten argument osłabia wiarę Paneloux: po drugim niezdecydowanym kazaniu zapada on na chorobę i szybko umiera. Jego śmierć może symbolizować porażkę jego interpretacji dżumy.

Dżuma = wina człowieka

Jean Tarrou uważa dżumę za rodzaj grzechu pierworodnego, ale ze świeckiego punktu widzenia. Ta postać rzeczywiście twierdzi, że jest ateistą.

Rozczarowany sprawiedliwością, a następnie walką rewolucyjną, ponieważ obie usprawiedliwiają morderstwo w imię wyższego ideału, Tarrou ostatecznie rozciąga tę winę na całą ludzkość. Według niego każdy człowiek uczestniczy bezpośrednio lub pośrednio w społeczeństwach, które uzasadniają egzekucję.

Świadomy tej pierwotnej winy Tarrou wierzy, że jedyną rzeczą, jaką człowiek może zrobić, by uniknąć wstydu związanego z dżumą, jest "potępienie wszystkiego, co bezpośrednio lub pośrednio, z dobrych lub złych powodów, zabija lub usprawiedliwia zabijanie" (s. 251). Wie jednak, że to przekonanie jest niczym innym jak ideałem.

Dżuma = alegoria zła

Dżuma może być również postrzegana jako będąca ponad poszczególnymi rodzajami zła: staje się wówczas alegorią zła w ogóle, gdyż "ludzkie cierpienie wykracza poza kontyngenty historii" (Beaumarchais J.-P. i Couty D., *Dictionnaire des grandes uvres de la littérature française*, s. 962).

Zgodnie z tą interpretacją dżuma jawi się jako element konstytutywny dla kondycji ludzkiej. Jednym z głównych oblicz tej plagi, dla narratora, jest brak solidarności między ludźmi. Rieux (bardziej niż ktokolwiek inny) i jego przyjaciele to także wyjątki: mimo społecznego zrównania i narastającej desperacji, która prowadzi do pewnego heroizmu, większość Orańczyków pozostaje nieufna i woli się egoistycznie wycofać, niż włączyć się do zbiorowej walki. Narrator zachęca nas, byśmy nie wyolbrzymiali znaczenia szkolenia w zakresie edukacji zdrowotnej, ale podkreśla, że to właśnie te próby, te skromne wysiłki, przyczyniają się do wielkości człowieka (s. 134-135).

ABSURD I BUNT

Zaraza, która nawiedziła Oran, zmienia życie ludzi i wtrąca ich w Absurd. W powieści pobrzmiewają echa *Obcego* i *Mitu Syzyfa* poprzez podkreślenie kilku aspektów absurdu ludzkiej kondycji:

- Nieobecność Boga. Pogląd chrześcijański zostaje zakwestionowany poprzez porażkę Ojca Paneloux, którego fatalistyczne przemówienia wydają się niepotrzebne i nieistotne. Jego czekanie jest daremne w obliczu nieracjonalnego milczenia świata;

- Brak przeszłości i przyszłości. Śmierć (a po niej zapomnienie) to jedyny możliwy horyzont dla ludzi, ich upór, by pamiętać o przeszłości i planować przyszłość, wydaje się daremny. Podobnie Orańczycy po pewnym czasie rozumieją, że tkwią w teraźniejszości: "Wrogo nastawieni do przeszłości, niecierpliwi wobec teraźniejszości i oszukani wobec przyszłości, byliśmy bardzo podobni do tych, których ludzka sprawiedliwość, czyli nienawiść, zmusza do życia za więziennymi kratami." (p. 77);

- Ograniczony rozum. Dla człowieka absurdalnego rozumowanie jest jedynym sposobem na zrozumienie świata, ale wie, że to narzędzie jest niedoskonałe i jego próby są bezużyteczne. W *Dżumie* narrator podkreśla bezużyteczność słów i absurdalność liczb. Ludzie są zredukowani do wysyłania bezosobowych telegramów i niekończących się przerobionych listów, pełnych słów, które są całkowicie pozbawione swojego znaczenia;

- Samotność. Człowiek absurdalny jest sam wobec świata, który jest obojętny na jego skargi. W *Obcym* Meursault (egocentryczny bohater) nie potrafi się z nikim porozumieć i zamyka się w sobie. W *Dżumie* bohaterowie dopiero stopniowo uświadamiają sobie, że muszą żyć razem.

Syzyf albo wieczne zadanie

Winny rzucenia wyzwania bogom, Syzyf zostaje skazany na wtaczanie kamienia na szczyt góry. Zadanie jest niemożliwe do wykonania (prędzej czy później kamień zawsze stacza się z powrotem na dół góry), a Syzyf wykonuje wieczny i beznadziejny trud. Dla Camusa postać ta jest ostatecznym bohaterem absurdalnym.

W *Dżumie* prawie wszyscy główni bohaterowie są skazani na powtarzanie tej samej czynności:

- Rieux wydaje się ciągle żyć i przeżywać ten sam dzień, przechodząc od jednego pacjenta do drugiego;

- Tarrou natrafia na te same filozoficzne pytania;

- Grand nadal co wieczór przepisuje to samo zdanie;

- Rambert jest skazany na to, by zawsze na nowo podejmować kroki, które powinny umożliwić mu opuszczenie miasta, ale jego wyjazd jest zawsze odkładany;

- Orańczycy nieustannie wysyłają ponownie listy do swoich krewnych lub małżonków, nie wiedząc, czy dotrą do celu;

- Każdego dnia miasto grzebie swoich zmarłych, nie wiedząc, kiedy plaga się skończy.

Jednak w przeciwieństwie do *Obcego*, bohaterowie wykraczają tutaj poza zwykłą akceptację absurdu życia. Rieux uznaje absurdalność swojego stanu i przyznaje się do prawdopodobnej próżności swojej walki, ale odmawia jej zaprzestania:

> *"Musieliśmy walczyć w taki czy inny sposób i nie paść na kolana. Pytanie brzmiało, jak powstrzymać śmierć jak największej liczby ludzi […]. W tym celu istniała tylko jedna metoda i była nią walka z dżumą. Prawda nie była godna podziwu, była tylko konsekwentna." (p. 136)*

Przyjmuje zatem postawę buntownika, której Camus broni w swoim tytułowym eseju (1951), o następujących cechach:

- Odmowa samobójstwa. Camus odrzuca samobójstwo, ponieważ "rozwiązuje ono absurd". Absurd musi być utrzymany, ponieważ popycha do reakcji. Popełnienie samobójstwa to abdykacja;

- Jasność umysłu. Człowiek musi w sposób przejrzysty zaakceptować swój stan i nie uciekać do hipotetycznego Boga, aby go pocieszył lub uratował. Rieux, jako istota racjonalna, odmawia stosowania metafizycznych wyjaśnień (zabobonnych lub religijnych), aby zrozumieć dżumę. Opiera swój sąd na stopniowo zdobywanych pewnikach, aby zrozumieć zło i lepiej z nim walczyć (w przeciwieństwie do swojego kolegi, doktora Richarda, s. 234);

- Akcja w teraźniejszości. Dzięki uwolnieniu od ograniczeń związanych z mało prawdopodobną przyszłością, ludzka akcja rewolty staje się bardziej śmiała. Po uświadomieniu sobie, że muszą żyć nie wiedząc, czy kiedykolwiek uda im się uniknąć zarazy, Orańczycy są gotowi zaryzykować swoje życie dla życia innych: Grand, Tarrou, Rambert i wielu innych podążają za Rieux. Ponadto Rieux przedkłada działanie (konkretne i przemyślane) nad teoretyczne rozważania: "'Ach!', powiedział Rieux. 'Człowiek nie może jednocześnie leczyć i wiedzieć. Leczmy więc jak najszybciej. To jest najważniejsze'", s. 209;

- Afirmacja solidarności i współudziału. Buntownik ucieka od samotności (konstytutywnej dla absurdu), potwierdzając swoją przynależność do wspólnoty i uznając równość ludzi. Rieux stopniowo otwiera się na innych i nawiązuje przyjaźnie. Od początku uznaje, że zaraza dotyczy wszystkich i obojętnie leczy zarówno bogatych, jak i biednych, mężczyzn i kobiety itd. W końcu, podczas aresztowania Cottarda, nie może się powstrzymać od postrzegania go jako ofiary brutalności policji (s. 306).

Dżuma wyznacza zatem ważny etap w twórczości Camusa: potwierdza on możliwość przeciwstawienia się absurdowi ludzkiej kondycji poprzez działanie i solidarność.

DALSZA REFLEKSJA

KILKA PYTAŃ DO PRZEMYŚLENIA...

- Wśród bohaterów możemy zauważyć dwie różne reakcje na dżumę. Jakie one są? Wyjaśnij swoją odpowiedź.

- W jaki sposób Rieux jest człowiekiem wzorcowym i w czym przeciwstawia się ojcu Paneloux?

- Tarrou zastanawia się, czy można być "świętym bez Boga". Wyjaśnij jego zastanawianie się.

- Zinterpretuj epigramat powieści: "Przedstawianie jednego rodzaju uwięzienia przez inne jest równie rozsądne, jak przedstawianie wszystkiego, co naprawdę istnieje, przez to, co nie istnieje." (Daniel Defoe).

- Co w powieści może skłonić czytelnika do uznania, że dżuma symbolizuje II wojnę światową?

- Jaki jest punkt widzenia Tarrou na dżumę? Co Ty o tym myślisz?

- Co symbolizuje śmierć ojca Paneloux?

- Jak w *Dżumie* odbija się echo *Obcego* i *Mitu Syzyfa*?

- Jak można powiedzieć, że Rieux przyjmuje postawę "buntownika", jak to określił Camus w tytułowym dziele?

- Czy uważasz, że książka jest optymistyczna czy pesymistyczna? Uzasadnij swoją odpowiedź.

- Czy Camus stara się przekazać tym utworem jakieś przesłanie lub morał? Uzasadnij swoją odpowiedź.

DALSZE CZYTANIE

WYDANIE REFERENCYJNE

Camus, A. (1972) *La Peste*. Paris: Gallimard.

BADANIA REFERENCYJNE

Beaumarchais, J.-P., and Couty, D. (1997) *Dictionnaire des grandes uvres de la littérature française*. Paris: Larousse.

ADAPTACJE

Dżuma. (1989) [Sztuka]. Franciszek Huster. Reż. Francja: Théâtre Marigny, Théâtre de Nice.

Dżuma. (1992) [Film]. Luis Puenzo. Reż. Francja: Compagnie Française Cinématographique.

Chcemy usłyszeć od Ciebie, co się dzieje!
Zostaw komentarz na temat swojej internetowej biblioteki
i podziel się swoimi ulubionymi książkami w mediach społecznościowych!

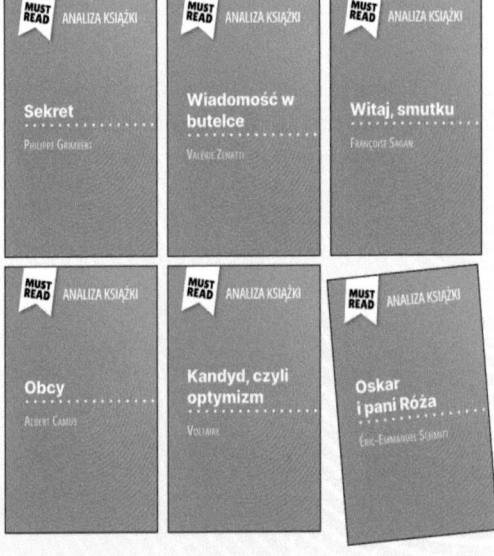

www.50minutes.com

Master ISBN: 9782808694049
Papierowy ISBN: 9782808615440
Depozyt prawny: D/2023/12603/1824

Verhaal: © Primento

Projekt cyfrowy: Primento, cyfrowy partner wydawców.